LES

"PIÆ CAUSÆ"

DANS

LE DROIT DE JUSTINIEN

PAR

R. SALEILLES

PROFESSEUR A LA FACULTÉ DE DROIT

DE L'UNIVERSITÉ DE PARIS

Extrait des *MÉLANGES GÉRARDIN*

LIBRAIRIE

DE LA SOCIÉTÉ DU RECUEIL J.-B. SIREY & DU JOURNAL DU PALAIS

Ancienne Maison L. LAROSE et FORCEL

22, *rue Soufflot*, PARIS, 5e arrdt

L. LAROSE & L. TENIN, Directeurs

1907

LES

" PIÆ CAUSÆ "

DANS LE DROIT DE JUSTINIEN

L'attention vient d'être ramenée sur les fondations pieuses
du droit du Bas-Empire par un article très savant de
M. Stanislao Cugia, de l'Université de Naples, qui a paru
dans la collection d'études juridiques publiée en l'honneur
de Carlo Fadda[1]. Bien qu'il ne traite que d'une question de
terminologie, il semble bien que l'on puisse en déduire l'ar-
rière-pensée de battre en brèche l'opinion généralement
adoptée, d'après laquelle les établissements de bienfaisance
du Bas-Empire auraient constitué de véritables fondations,
au sens de la *Stiftung* du droit allemand moderne, douées,
par conséquent, de ce que nous appelons la personnalité civile.

On sait, en effet, que, dans la terminologie de l'époque
des glossateurs, l'expression de *Piæ causæ*, empruntée à
quelques constitutions de Justinien[2], était employée cou-
ramment pour désigner, non plus le motif qui avait inspiré la
donation, l'intention pieuse qui lui servait de cause, mais
l'œuvre même qu'elle avait servi à fonder. Le mot avait perdu

(1) *Studi giuridici in onore di Carlo Fadda* (Naples, 1906), vol. V.—Voir
l'étude de Stanislao Cugia, libero docente nella R. Università di Napoli, *Il
termine « Piæ causæ »*, pp. 229 et suiv. du volume.

(2) On trouvera tous les textes reproduits dans l'étude citée à la note pré-
cédente.

son sens subjectif, pour s'objectiver dans le résultat que
la libéralité se trouvait avoir produit.

Comme ces œuvres, fonctionnant à l'état d'instituts ou
d'établissements indépendants, avaient, à l'époque beaucoup
plus récente dont je parle, leur patrimoine à elles, et comme
elles étaient douées de capacité juridique, il n'est pas douteux
qu'elles constituaient ce que nous appellerions une personne
morale. Dès l'époque où cette notion de la personnalité juridique se précisa et se construisit dans les théories des canonistes, et dans celles des juristes qui la leur empruntèrent, il
est certain qu'elle s'appliqua aux fondations pieuses. On peut
se demander, sans doute, si, dans le droit du Moyen âge, ces
établissements de bienfaisance étaient conçus à la façon d'une
corporation, comme une collectivité associée pour une fonction de charité, ou à la façon d'une fondation, c'est-à-dire
comme impliquant la personnification du but qu'ils servaient
à réaliser; et l'on sait avec quelle science, et aussi avec
quelle puissance de démonstration, Gierke a cherché à faire
prévaloir, pour cette époque initiale, l'idée corporative. La
conception technique de la fondation, déjà fortement cons-
truite, il est vrai, par les canonistes, se serait développée
plus particulièrement à partir de la Réforme[1]. Mais, quoi
qu'il en soit de ces conceptions théoriques, personne ne con-
teste le fait de la capacité juridique attribuée à toutes ces
œuvres qualifiées de *Piæ causæ* : elles constituaient, comme
disent les Allemands, des sujets de droit. Tel est le fait pour
ce qui est du Moyen âge et des temps modernes.

Mais alors la grande majorité des romanistes s'est trouvée
inclinée à prendre dans le même sens l'expression initiale de
Piæ causæ, là encore où elle apparaît pour la première fois,
c'est-à-dire dans le Code et les Novelles. Elle désignerait déjà,
dans les textes de la législation justinienne, non plus l'intention pieuse qui avait inspiré la libéralité, mais l'œuvre même

____

(1) GIERKE, *Genossenschaftsrecht*, t. II, p. 962 suiv.; t. III, p. 119 suiv.,
p. 806 suiv.

qui avait été fondée. Elle serait l'équivalent du terme « *Pia corpora* », qui fut indifféremment employé, plus tard, comme synonyme de *Piæ causæ*. L'étude très érudite de M. Stanislao Cugia a pour objet de démontrer, uniquement, il est vrai, au point de vue philologique, que, pour l'époque de Justinien, ce sens objectif ne peut pas se défendre, et qu'il faut s'en tenir au sens normal que le mot *causa* avait toujours eu jusqu'alors. La *Pia causa* ne désignerait que le motif de la libéralité.

Mais j'ai ajouté que cette question de philologie ne pouvait guère ne pas se traduire par certaines conséquences juridiques. C'est que, si le mot de *Pia causa* avait dû désigner, dès cette époque, un organisme fonctionnant juridiquement, il n'est pas douteux que la question de capacité et de personnalité se trouverait, à peu près, tranchée par le fait même. Et, non seulement les établissements de bienfaisance de l'époque du Bas-Empire nous apparaîtraient comme de véritables personnes morales distinctes et indépendantes, mais le caractère de leur personnalité se trouverait spécifié et classé, au moins selon toute apparence. Car, si tous ces établissements étaient désignés, non pas d'après la collectivité des bénéficiaires, non pas même par l'ensemble des clercs préposés à leur service, mais uniquement par leur destination, ce serait donc l'idée de but se substituant à l'idée de corporation ; ce serait la fondation venant s'ajouter aux *corpora* et aux *collegia* du droit romain, pour constituer, en face de l'association personnifiée, une seconde catégorie de personnes juridiques, désignée sous le nom d'établissement ou de fondation.

Bien entendu, si la thèse de M. Stanislao Cugia est exacte, cela ne voudrait pas dire, à l'inverse, que l'on dût nier forcément, pour l'époque justinienne, et l'idée de fondation, et le caractère de personnalité attribué aux établissements de bienfaisance. Mais, à coup sûr, tout au moins, l'une des raisons les plus apparentes, et les plus faciles, il faut bien le reconnaître, que l'on pût invoquer en faveur de ce double système, se trouverait faire défaut. Et ce serait alors, par d'autres preuves, tirées du fond des choses, que le problème devrait se résoudre. De fait, des auteurs absolument convaincus de l'existence des fondations, au sens technique du mot, pour l'époque de Justinien, comme Arndts et Meurer, sont bien près d'être d'accord avec M. Stanislao Cugia sur le sens des mots *Piæ causæ*, tels qu'ils se trouvent dans les textes du Code et des Novelles[1].

En revanche, ceux qui semblent avoir attribué à Justinien la terminologie de l'époque des glossateurs sont tout à fait inclinés à admettre à la fois la personnalité des établissements de bienfaisance, dans le droit romain de la dernière époque, et en même temps la notion de fondation. Très rares sont ceux, comme M. Accarias, qui se contentent de ranger les orphelinats, hôpitaux, asiles de vieillards, et autres, parmi les personnes juridiques de l'époque, sans se prononcer sur la conception même qu'il faille leur attribuer, afin de s'en tenir à une pure classification de fait[2]. Peut-être cela vient-il surtout de ce qu'ils étaient un peu moins familiers que nous ne le sommes aujourd'hui avec la notion de la *Stiftung* allemande. Mais, en Allemagne, la plupart des pandectistes ont admis, pour le droit de Justinien, la notion de fondation[3]. Il en est de même pour les romanistes italiens[4]

---

(1) Cf. ARNDTS, *Pandekten*, § 46, not. 2, et surtout MEURER, *Der Begriff und Eigenthümer der heiligen Sachen*, t. II, p. 254, not. 1. Voir également SAVIGNY, *System des heutigen römischen Rechts*, t. II, § 88, not. z (Traduction française, t. II, p. 257).

(2) ACCARIAS, *Précis de droit romain*, t. Ier, n° 187.

(3) PUCHTA, *Institutionen*, t. II, § 191, not. *n* et suiv.; KUNTZE, *Cursus des römischen Rechts*, § 963, not. 1-4; HÖLDER, *Institutionen*, § 22; LEONHARD, *Instit.*, 1804, § 42, p. 172, not. 4; SOHM, *Instit.* (1903), § 38, p. 197; SALKOWSKI, *Instit.* (1907) § 80, p. 202-203; BRINZ, *Pandekten*, t. I, § 61, et t. III, § 434; BEKKER, *Pandekten*, t. I, § 69; KIPP-WINDSCHEID, *Pandekten*, (édit. 1906), t. I, § 57, not. 5; REGELSBERGER, *Pandekten*, t. I, § 87, suiv.; DERNBURG, *Pandekten*, t. I, § 62, not. 3. Cf. IHERING, *Geist des römischen Rechts*, Dritt. Theil, § 61, not. 469 suiv. et *Zweck im Recht*, t. I, p. 472.

(4) Cf. SERAFINI, *Istituzioni* (1897), t. I, p. 155; BONFANTE, *Istituzioni*,

et français [1]. Chez nous, M. Girard précise même et distingue les deux notions admises en matière de fondations, l'une qui consiste dans un organisme matériel fonctionnant à l'extérieur, — c'est l'établissement proprement dit, — et l'autre constituée uniquement par affectation d'un patrimoine à un but spécial, lequel est administré comme patrimoine distinct et indépendant, en vue de l'emploi des revenus au but qu'il doit avoir à réaliser, — c'est la fondation au sens étroit du mot. M. Girard reconnaît, et je crois qu'il a raison, que les deux formes existaient dans le droit romain du Bas-Empire [2].

Quoi qu'il en soit, on voit que la question est loin d'aller de soi; elle demande à être reprise à nouveau. Et, en tout cas, comme le prouve tout au moins l'étude de M. Stanislao Cugia, ce n'est pas uniquement à l'aide d'un mot, et d'une expression qui fait image, que le problème puisse être tranché. Ce sont les faits et les réalités qu'il faut étudier de près; c'est le mécanisme de la fondation romaine, en prenant le mot au sens courant et sans rien préjuger de sa nature juridique, qu'il faut examiner dans toute sa réalité pratique. Et peut-être convient-il de faire encore à ce sujet une observation préalable.

Je crains que l'on se soit un peu laissé dominer dans toute cette question par des conceptions théoriques absolument modernes, dont on a cru retrouver l'équivalent sous la plume, cependant terriblement diffuse, de Justinien. Il est bien certain que, si l'on veut identifier les idées juridiques des Romains du cinquième et du sixième siècles avec

---

(3ª ediz.), p. 63; et *Diritto romano* (1900), p. 234; BRUGI, *Istituzioni*, *Part. prim.*, § 26, p. 109, et *Della prima forma che ebbero le Pie Fondazioni Cristiane nel Diritto romano* (Extrait des *Atti del R. Istituto Veneto di scienze, lettere ed arti*, t. VII, ser. VII ; tirage à part, p. 4 et suiv.), et FADDA, *Concetti fondamentali del diritto ereditario romano*, t. I, p. 219.

(1) Cf. surtout PAUL-FRÉDÉRIC GIRARD, *Manuel élémentaire de droit romain* (Ed. 1906), p. 234, et ÉDOUARD CUQ, *Les Institutions juridiques des Romains*, t. II, pp. 794-795.

(2) PAUL-FRÉDÉRIC GIRARD, *loc. cit.*, p. 234.

les conceptions allemandes du xixe et du xxe siècles, celles de Brinz par exemple sur le *Zweckvermögen* ou celles de Gierke, de Schlossman, de Hölder [1], et de bien d'autres encore, sur la *Stiftung* allemande, on commet une véritable méprise ; et l'on ne peut, par avance, à pareille assimilation, que répondre par une négation absolue. Tout ce que nous pouvons prétendre retrouver dans la société du Bas-Empire ce sont des institutions qui fonctionnent à peu près comme nos fondations, avec un mécanisme juridique à peu près analogue et des résultats plus ou moins identiques. Si nous constatons cette équivalence de fonctionnement; si la structure de l'institution nous apparaît à peu près semblable, dans ses pièces essentielles, à ce que sont nos établissements publics ou privés de l'époque moderne, nous aurons le droit d'attribuer à la législation romaine de la dernière époque une notion pratique de la fondation analogue à la nôtre; quant à la notion théorique, elle n'est pas en cause. Qui donc aurait la naïveté de croire que les Romains du vi^e siècle donnaient de leurs institutions juridiques une explication identique à celle que nous pourrions fournir des équivalents qui les remplacent dans notre droit actuel, qu'ils en avaient une conception analogue à la nôtre, et qu'ils se faisaient de leurs caractères juridiques une idée comparable à celle que nous pourrions nous en faire? Même si nous trouvons des établissements qui fonctionnent comme les nôtres ou comme la fondation allemande, nous pouvons être sûrs que les Romains n'avaient aucune idée du problème théorique que soulève chez nous la conception de la *Stiftung*. Et, bien que nous leur attribuions l'invention de

---

(1) Cf. Gierke, *Deutsches Privatrecht*, t. I, § 78, avec toutes les citations et références; et, du même, *Genossenschaftsrecht*, t. II, p. 962 suiv., et *Genossenschaftstheorie*, p. 12 suiv.; Schlossmann, *Stiftungen* dans *Iahrbücher für die Dogmatik*, t. XXVII, p. 1 suiv.; Hölder, *Natürliche und juristische Personen*, p. 241 suiv. Cf. Meurer, *Juristische Personen*, n. 10, p. 262 suiv.; et dans l'*Encyklopädie der Rechtswissenschaft von Holtzendorff* (Edit. Kohler), t. Ier, *Bruns-Eck-Mitteis*, *Pandektenrecht*, § 17, p. 314 suiv., et Kohler, *Bürgerliches Recht*, p. 577.

l'idée de personnalité juridique, nous ne savons même pas si la notion de personne morale est jamais entrée dans leur esprit; et il est même problable qu'ils y ont vu toute autre chose que ce qu'imaginèrent sous ce terme les canonistes du Moyen âge et les romanistes modernes. Tout ce que nous pouvons conclure de cette similitude d'institutions, c'est que les mêmes nécessités sociales avaient suscité des créations juridiques ayant même fonctionnement et destinées à produire les mêmes résultats. Si ces créations répondaient à des besoins légitimes du corps social, nous en tirerons un enseignement décisif pour l'époque actuelle, c'est que nous n'avons pas le droit de nous refuser systématiquement à donner satisfaction à des nécessités sociales qui, sous une forme ou sous une autre, se retrouvent partout au cours de l'histoire, avec la même floraison d'institutions à peu près identiques pour y faire face. Sachons écouter la leçon de l'histoire. Créons les organismes qu'implique toute vie sociale régulière; mais gardons-nous bien de vouloir reproduire, ou retrouver, des conceptions théoriques qui sont le reflet d'une époque passagère, sans autre fonds de permanence. Gardonsnous surtout de vouloir imputer nos idées abstraites aux générations qui ne sont plus ou de prétendre nous adapter aux leurs. Les théories sont de pures satisfactions intellectuelles, qui se plient à la mentalité philosophique de chaque époque ; elles flottent à la surface des institutions, elles ne les créent pas. Ce qui est générateur de vie, c'est la vie elle-même, ce sont les aspirations qu'elle suggère, les besoins qu'elle comporte, les nécessités sociales qu'elle perpétue de siècle en siècle. Étudions les organismes vivants, laissons aux théoriciens la satisfaction de les expliquer chacun à sa façon.

Je vais donc essayer de rechercher, d'après les textes, la physionomie que nous présentent les établissements de bienfaisance du Bas-Empire. Je n'ai pas la prétention de rien découvrir d'original en cette matière. Je me contenterai de présenter une synthèse de choses depuis longtemps étudiées et connues.

o°o

Tout d'abord, bien que la question de terminologie ne doive jouer en toute cette matière qu'un rôle assez secondaire, je suis loin de la tenir pour indifférente. Et je suis bien d'accord avec M. Stanislao Cugia pour admettre que les expressions de *Piæ causæ*, dans les constitutions en langue latine de Justinien, ou de εὐσεβεῖς αἰτίαι dans les constitutions en langue grecque, ne sauraient avoir le sens purement objectif qu'avaient certainement les mots *Pia causa* ou *Pium corpus* sous la plume des glossateurs. Je n'en voudrais d'autre preuve, en dehors de toutes les raisons d'ordre philologique qu'en donne M. Stanislao Cugia, que ce fait que la const. 19 (C. 1. 2) vise, en parlant de *donationes super piis causis factæ*, toutes les libéralités faites pour cause pie, aussi bien, suivant l'énumération donnée dans cette constitution elle-même[1], celles qui s'adressent à un établissement déjà existant, que celles faites aux pauvres ou aux captifs en général. Or, il n'est pas douteux, en ce qui touche ces dernières, que, pour la plupart, lorsqu'il s'agit de simples distributions à faire aux pauvres et aux captifs, sans constitution d'un capital permanent, il ne peut être question d'une œuvre consistant en un organisme matériel, au sens de ce que nous appelons un établissement ou une fondation. Faire une libéralité de ce genre, c'est bien encore faire œuvre pie, ce n'est pas créer, ni fonder, une œuvre pie.

Mais je ne saurais mieux faire aussi, que de rappeler le double sens de cette expression moderne, pour faire comprendre comment déjà, à l'époque de Justinien, une expression très analogue pouvait avoir passé insensiblement du sens purement subjectif au sens objectif, qui devait être l'aboutissement du premier. La *causa*, entendue du motif, a

---

(1) *Si quis vero donationes... fecerit vel in sanctam ecclesiam vel in xenodochium..... vel in ipsos pauperes.*

pu, tout en même temps, et très facilement, presque insensiblement, s'entendre du résultat. Le but d'une donation peut en être à la fois le motif interne et le résultat externe. Il est vrai que, pour qu'il en soit ainsi, il faut que ce dernier s'incarne dans une œuvre extérieure et concrète. Et alors nous sommes un peu en présence d'un cercle vicieux. S'il était prouvé que la fondation du Bas-Empire eût constitué un établissement vivant de sa vie propre au point de vue juridique, il serait à peu près forcé que, dans l'esprit des contemporains, le but ait été conçu à la fois comme le motif et comme le résultat de la libéralité elle-même. Il y aurait flottement entre les deux sens. Mais nous ne pouvons, *a priori*, passer de l'un à l'autre, sans autre preuve du dehors. Sinon, il faudrait, pour que l'expression à elle seule pût fournir une preuve suffisante de cette transformation, qu'elle fût employée dans un sens qui, par lui-même, ne laissât aucun doute, et dans une phrase, par conséquent, qui fît apparaître indubitalement l'idée d'une œuvre déjà créée. Et M. Stanislao Cugia a, peut-on dire, à peu près, démontré que nos textes ne nous fournissaient aucun passage de ce genre.

Je dis, à peu près. Car il y a au moins, parmi celles qu'il cite, une formule qui pourra paraître un peu équivoque. C'est celle de la constitution 45 § 1 *a* (I, 3).

« Εἰ δέ τινα δοῦναι πρὸς ἅπαξ εἰς εὐσεβεῖς αἰτίας προσταχθεῖεν... »

Ce que la traduction latine, celle tout au moins de l'édition de Krueger, traduit ainsi :

« *Si quid vero semel dare in pias causas jussi sunt...* ».

Il paraît difficile, en effet, de ne pas lui donner le même sens que celui qui s'impose dans cette même const. 19 (I, 2), à laquelle j'ai déjà fait allusion, lorsqu'il est parlé de « *donationes..... in sanctam ecclesiam, vel in xenodochium, vel in nosocomium... etc.* ». Il s'agit bien là de donations au profit de bénéficiaires capables de les recevoir. Il est donc très vraisemblable, lorsqu'il est question ailleurs de « δοῦναι εἰς εὐσεβεῖς αἰτίας » (*dare in pias causas*), que l'on entend par là, dans une formule qui résume toutes les énumérations précédentes, non pas seulement une donation inspirée par de pieux motifs, mais une donation faite en faveur d'œuvres pieuses, entendues d'œuvres déjà existantes, ayant un patrimoine et capables de recevoir.

Je dirai même que la preuve serait faite en ce sens, si la traduction latine était contemporaine du texte grec. Car nous trouvons dans cette même constitution, et cela par deux fois, l'expression de τῶν εὐσεϐῶν πράξεων διοικηται, que le texte latin traduit par « *piarum causarum administratores* ». Cette fois, comme il ne peut être question d'administrer une intention, mais un établissement ayant une existence matérielle et ses biens à lui, il faudrait bien reconnaître que, pour les auteurs de la traduction latine, la seule expression qui pût rendre ce sens objectif était celle de *Piæ causæ*. Mais on sait que ces versions latines sont d'une époque très postérieure ; qu'elles ont été rédigées d'ailleurs à des dates assez diverses, mais à un moment, à coup sûr, où le mot de *Piæ causæ* avait pris, depuis longtemps, le sens d'établissements pieux. C'est donc plutôt, comme on dirait à l'école, un argument *a contrario* qui pourrait résulter de cette comparaison.

Mais, en même temps, l'étude du texte grec devient éminemment instructive pour le but que nous poursuivons ; car elle prouve, tout au moins, que, du temps de Justinien, lorsqu'on voulait affirmer le sens objectif de l'œuvre, lorsque le but apparaissait, non plus seulement à l'état d'intention, mais sous la forme de résultat positif, comme une création déjà réalisée, ce n'était plus l'expression d'εὐσεϐεῖς αἰτιαι qui venait sous la plume des juristes, mais celle d'εὐσεϐεῖς πράξεις. On ne parlait plus de causes pies, mais d'œuvres pies. La cause inspiratrice de la donation était devenue une œuvre concrète, existant et fonctionnant matériellement.

Cette fois, nous sommes bien en présence, sans qu'il puisse y avoir de méprise à cet égard, d'établissements qui ont une existence de fait matérielle et indépendante. Nous ne savons pas encore s'ils auront une capacité juridique distincte, s'ils seront doués de ce que nous appellerions la personnalité juridique. Mais, ce dont nous sommes sûrs, c'est que ces établissements, à l'apparence et à l'extérieur, constituent des organismes ayant une vie propre, puisqu'ils ont des administrateurs chargés de gérer leurs biens.

Mais, en même temps, nous sommes au point de transition qui doit conduire d'un sens à l'autre. Le latin, qui n'avait pas les nuances du grec, trouvait difficilement à traduire le πράξεις du texte grec par un mot équivalent, qui correspondît à ce que nous appelons chez nous une œuvre proprement dite. Et, dans cette même constitution, nous saisissons comme l'évolution et la métamorphose des mots eux-mêmes. Car, dans la phrase qui précède, il est fait allusion à l'hypothèse où des héritiers tarderaient à exécuter les dispositions charitables du défunt; on charge l'évêque d'y pourvoir. C'est à lui de faire construire l'hôpital ou l'orphelinat, de procurer la rédemption des captifs, ou de réaliser l'œuvre pieuse, quelle qu'elle soit, que le défunt avait eue en vue « ἤ ἑτέραν οἱανδήποτε πρᾶξιν », ce que la traduction latine a rendu, cette fois, par « *vel alium quemcumque pium actum qui defuncto placuerit* ». On a très bien senti, s'agissant d'un acte à réaliser, qu'on pouvait serrer le texte grec de plus près et rendre le mot grec πρᾶξις par son correspondant latin *actus*. Il est même question, après coup, de préposer des économes, gérants et surveillants, à l'administration de toutes ces œuvres « *ac præficiant eorum administrationi*, etc. ». On n'a pas été choqué de cet *eorum* s'appliquant à des *pii actus*, parce que, cette fois, le mot qui était le vrai régime se trouvait représenté par un pronom qui le tenait ainsi à distance. On a pu parler de « leur administration » en général; peut-être aurait-on hésité à parler d'*actuum administratio* [1]. Et, de fait, quand

(1) Sans doute, le latin classique connaît l'expression de « *actum administrare* », dans le sens de gérer un office, s'acquitter d'une fonction. Mais on sent très bien que le substantif, substitué au verbe, donne au régime un sens objectif, tout nouveau, que n'avait pas l'expression « *actum administrare* »; et ce sens objectif est précisément celui qui s'introduisait pour l'expression « *causarum administratores* », en vertu de la même évolution qui

il a été question de traduire l'accusatif grec τῶν εὐσεβῶν πράξεων διοικητάς, on a laissé de côté l'équivalent latin, le mot *actus*, pour employer l'expression *piarum causarum adminis- tratores*. Pour les latins, le mot *causa*, faute d'un équivalent exact du grec πρᾶξις, passait du sens subjectif au sens objectif.

Je sais bien que toute cette traduction latine est presque relativement moderne et que nous ne pouvons pas raisonner à son sujet comme nous serions en droit de le faire si elle datait du vi^e siècle. Mais n'est-il pas très vraisemblable que le processus qu'elle nous révèle ait dû correspondre, dans le domaine de la sémantique, à l'évolution très naturelle, et en même temps très rapide, qui fit passer le mot *causa*, de son sens traditionnel d'intention projetée, au sens définitif d'intention réalisée?

Et ce qui tendrait à le prouver c'est l'expression un peu flottante et équivoque, que nous trouvons au moins deux fois sous la plume de Justinien, soit en grec, soit en latin, de δοῦναι εἰς εὐσεβεῖς αἰτίας et de *donationes... quæ in causas piissimas procedunt* [1]. On a déjà vu combien elle se rapprochait de la formule « *donationes in sanctam ecclesiam* ». N'y a-t-il pas maintenant, après l'étude un peu minutieuse qui vient d'être faite du style des constitutions grecques, une vraisemblance de plus pour que cette analogie soit devenue une réalité ?

J'ai déjà dit que l'expression « *dare in pias causas* » était insuffisante à elle seule à faire ressortir le sens objectif du mot, s'il n'était pas prouvé, par ailleurs, que tous ces béné- ficiaires de donations pieuses eussent une vie patrimoniale indépendante, au moins à l'extérieur, tandis que, si cette démonstration était faite et que nous eussions, par ailleurs, comme la vision certaine d'œuvres constituant des organis-

---

s'était produite pour le mot « *actus* ». La fonction, dans le sens d'une acti- vité déterminée à fournir, était devenue l'organisme, dans le cadre duquel cette activité évoluait; elle s'était extériorisée. Il en fut de même de la « *causa* », et cela dès l'époque du Bas-Empire. — (Cf. 16, Dig. 3, 5 ; et au Code tout le titre 37, liv. XI).

(1) C. 45, § 1-*a* (I, 3); C. 34, § 1-*a* (viii, 53) et C. 19 (I, 2).

mes matériels très spécialisés, il y aurait toute chance pour que la confusion se fût faite très rapidement entre les deux sens possibles du mot *causa*. Du but que l'on avait en vue au but qui a été réalisé, la transition se fait d'elle-même. Mais encore faut-il se trouver en présence d'un but qui se soit extériorisé ; et la formule grecque εὐσεβῶν διοικηται πράξεων, qu'on la traduise par *piarum causarum*, ou par *piorum actuum*, *administratores*, nous prouve que toutes ces œuvres, toutes ces fonctions, pour rendre le sens propre du mot « *actus* », n'étaient pas seulement conçues à l'état d'intentions, mais plus encore sous la forme d'établissements de fait, existant et fonctionnant matériellement[1].

Je crois donc, en dépit des tâtonnements qui durent se produire au début, que, dès l'époque de Justinien, les mots *piæ causæ*, tout en faisant allusion principalement à l'intention pieuse des donateurs et testateurs, commençaient cependant à s'entendre des œuvres mêmes que l'on avait fondées au moyen de ces libéralités. Cette opinion n'est d'ailleurs que le développement d'une idée émise par Arndts [2], et que je suis loin de donner pour originale, au moins en ce qui me concerne.

(1) On peut voir un autre texte dans lequel le mot *causa* est certainement pris dans ce sens de transition que je viens d'indiquer, c'est-à-dire au moment même où il commence à prendre un sens objectif. C'est la const. 28 § 1 (I, 3), dans laquelle, s'agissant d'un legs en vue de la rédemption des captifs, il est parlé de la *summa legati quæ debeat memoratæ causæ proficere*. Il ne peut être question ici d'un établissement matériel au sens ordinaire du mot, puisque la somme doit être entièrement distribuée ; mais il n'est pas douteux que le mot *causa* a le sens d'emploi et de destination, et non plus celui de motif. Tout cela rappelle notre mot « intention », qui a les deux sens : le fondateur avait une intention pieuse, en léguant aux pauvres ; et, lorsqu'on exécute ses volontés, on réalise ses intentions, on fait servir le legs à ses intentions, c'est le sens du mot *causa* dans le texte ci-dessus. On peut comparer deux passages de la Novelle 131, dans lesquels on verra le mot *causa* passer successivement, du sens subjectif, au sens objectif : C. 12, pr. (je cite la traduction latine), « *ad pias causas relicta* », et C. 11, 3 « *piis causis distributas* ».

(2) Arndts, *Pandekten*, § 46, note 2.

o°o

Mais laissons maintenant toutes ces questions de mots de côté. Envisageons les faits et la réalité. Nous sommes en présence d'hôpitaux, d'orphelinats, d'asiles de vieillards, fondés par la charité chrétienne, mis sous la surveillance des autorités ecclésiastiques, et desservis par des clercs, ce n'est pas douteux. Ce sont, comme nous dirions aujourd'hni, des maisons confiées à de pieuses congrégations; c'est presque la traduction littérale d'un texte du Code de Justinien : *domus quæ piis consortiis deputatæ sunt* [1]. Ce sont donc bien ce que j'appelais tout à l'heure au moins des établissements de fait.

A l'extérieur, ils se présentent comme fonctionnant d'une façon indépendante. Mais il ne s'ensuit pas forcément qu'ils soient, juridiquement, des sujets de droits, ayant une capacité patrimoniale qui leur soit propre, et constituant ce que nous appellerions une personne morale indépendante, comme l'étaient les *collegia* et *corpora* du droit romain, lorsqu'ils constituaient une corporation licite. A qui appartenaient les biens de ces établissements ainsi constitués? Était-ce à eux-mêmes en tant qu'établissements? Était-ce à l'ensemble des clercs qui en faisaient le service, ou, comme nous dirions aujourd'hui, à la congrégation qui les desservait? N'était-ce pas plutôt à l'Église dans son ensemble, c'est-à-dire au diocèse, dont ces établissements de charité n'auraient été que des dépendances?

Et alors, car la question est à peu près la même, lorsqu'un donateur ou testateur voulait fonder un établissement de ce genre, à qui, en droit, s'adressait la libéralité?

Constituait-elle un acte de fondation créant un patrimoine indépendant et doué de personnalité? S'adressait-elle à la congrégation qui allait se constituer pour gérer l'établisse-

____

(1) C. 22, pr. (I, 2). Et sur ce texte, sur lequel il y aura lieu de revenir, BRINZ, *loc. cit.*, § 438, note 11.

ment? S'adressait-elle à l'évêque, comme chef du diocèse et administrateur des biens d'Église?

C'est la question célèbre de la personnalité des établissements de bienfaisance à l'époque du Bas-Empire.

Et tout d'abord, posons bien la question. Il n'est pas douteux que les biens de ces établissements charitables sont tous des biens d'Église au sens large du mot. Ils rentrent dans le patrimoine ecclésiastique. Il n'y a pas de fondations laïques. S'il y en a eu peut-être au iv° siècle [1], il n'y en a plus au vi°. Mais le patrimoine de l'Église se fractionne en un certain nombre de petits centres patrimoniaux indépendants. Chaque diocèse est un organisme autonome; et il pourrait se faire que, dans le diocèse, il y eût également de petits centres patrimoniaux qui, tout en étant placés sous la surveillance de l'évêque, eussent une véritable autonomie. Tout ce qui appartient en France aux différentes facultés constitue dans l'ensemble le patrimoine de l'Université, ce qui n'empêche que chaque faculté constitue une personne civile distincte. En était-il de même des établissements de bienfaisance dépendant d'un même diocèse? C'est ainsi que se pose la question.

Et encore reconnaissons que beaucoup pouvaient, en effet, appartenir au diocèse même, en ce sens que leurs biens étaient biens de l'Église à proprement parler, à prendre le mot du patrimoine du diocèse. De même les fondations charitables pouvaient se produire sous forme de libéralités adressées à l'Église en vue de la construction d'un hospice pour les pauvres ou les vieillards. C'était un legs *sub modo;* ce que nous appelons aujourd'hui un legs à personne morale préexistante. Pareil legs pouvait déjà se réaliser dans le droit romain classique. Nous en trouvons des exemples certains pour l'époque chrétienne, lorsqu'il s'agissait de distributions aux pauvres; on peut instituer un héritier en le chargeant de distribuer une certaine somme aux pauvres ou aux cap-

---

[1] Cf. Roth, *Ueber Stiftungen* dans *Jahrbücher für die Dogmatik*, t. I, p. 196, not. 42.

tifs[1]. Le plus souvent c'est l'évêque que l'on devait choisir.
Et ce que l'on faisait pour le legs en faveur des pauvres, on
devait pouvoir le faire pour la fondation d'un hôpital ou
d'un établissement charitable quelconque[2]. Mais de ce que
les libéralités pieuses pouvaient affecter cette forme, cela
veut-il dire qu'il n'y eût pour elles que ce procédé légal? De
ce que certains établissements de bienfaisance pouvaient appartenir au patrimoine de l'Église, entendu de celui du diocèse, cela veut-il dire qu'il n'y en eût pas d'indépendants?

Et nous revenons ainsi à la question, dont il fallait délimi-
ter les abords, les établissements de bienfaisance pouvaient-
ils avoir un patrimoine propre doué de personnalité?

Cette autonomie juridique et patrimoniale des fondations
de bienfaisance pour l'époque romaine a été combattue dans
un article bien connu de Roth, dont l'opinion a été acceptée
par Lœning et reprise, quoique d'ailleurs considérablement
atténuée et modifiée, par Gierke[3]. Sur ce point l'opinion de

(1) Cf. Nov. 131, c. 11 et Mülhenbruck dans la continuation des Pan-
dectes de *Glück*, t. XXXIX, § 1438 (édit. 1837), p. 457, not. 2 ; Gierke,
Genossenschaftsrecht, t. III, p. 119, not. 24 et Brinz, *loc. cit.*, § 441, not. 7.

(2) Cf. sur tous ces points Pernice, *Labeo*, t. I, p. 254, t. III, p. 56 ;
Brinz, *loc. cit.*, t. III, § 436, p. 485 et § 446, p. 546 ; Fadda, *Concetti fondamentali del diritto creditario romano*, t. I, p. 219 et Biagio Brugi, *Le
pie Fondazioni cristiane* (tirage à part), p. 3 et suiv.

(3) Roth, *Ueber Stiftungen* dans *Iahrbücher für die Dogmatik*, t. I, p. 182
suiv. ; Loening, *Geschichte des deutschen Kirchenrechts*, t. I, p. 250-251 ;
Gierke, *Genossenschaftsrecht*, t. II, p. 962 suiv., III, p. 119 suiv., p. 806 suiv.

J'ai dit que l'opinion, si souvent citée de Gierke, ne se rattachait que sous
réserve de certaines atténuations à celle de Roth et Lœning. Je la croirais
même plus près de celle à laquelle finit par se rallier *Mülhenbruck*, et très
voisine surtout de celle de *Kuntze* et *de Sohm*, dont je suis le premier à reconnaître l'exactitude historique (Cf. *infrà*, p. 533, not. 6). Gierke admet, en
effet (III, p. 120, not. 125) que toute fondation constituée sous forme d'établissement agrégé à l'Église avait une personnalité indépendante. C'est donc
lui reconnaître l'autonomie patrimoniale. Il est vrai que Gierke semble bien
attribuer cette reconnaissance de personnalité à ce fait que l'établissement
a été agréé par l'évêque et placé sous sa juridiction. En cela *Gierke* se distingue de Mülhenbruck, qui exigeait, pour cette reconnaissance de personnalité, une consécration ultérieure solennelle (Cf. *infrà*, p. 547, not. 2). Ce-

Mülhenbruck a pu paraître un peu flottante, en ce sens qu'il fait rentrer tous les biens charitables dans le patrimoine de l'Église au sens large du mot, tout en reconnaissant pour conclure que ces établissements charitables constituaient dans l'Église de petits centres autonomes, ayant leur patrimoine distinct [1]. C'est leur reconnaître en fait la personnalité. Du reste, disons-le une fois pour toutes, il faut, dans toute cette question, se défier un peu de l'opinion de Mülhenbruck. Il écrivait à l'époque du célèbre procès Städel, qui avait agité toute l'Allemagne juridique. Lui-même avait pris parti dans l'affaire et conclu contre la validité de la fondation Städel. Aussi, dans tout l'exposé qu'il fait de la matière des fondations, comme continuateur de Glück, est-il dominé par le parti auquel il s'était rangé dans le conflit juridique qui venait de s'ouvrir, à ce point qu'il fait, à nouveau, dans le traité de Glück, tout un exposé du procès avec discussion à l'appui [2].

Roth et surtout Lœning paraissent avoir été principalement influencés par l'étude des documents relatifs à la Gaule mérovingienne, où l'on appliqua assez strictement au début les canons des conciles, faisant de l'évêque le seul administra-

pendant, même restreinte à ces termes, il semble bien que l'opinion de Gierke dépasse encore quelque peu l'impression qui résulte des textes. Car ceux-ci nous parlent, comme on le verra plus loin, de fondations, placées sans doute sous la surveillance de l'évêque, puisqu'elles le sont toutes, et qui cependant ne tiennent nullement leur personnalité d'une autorisation de sa part, lorsqu'il s'agit par exemple de sommes léguées pour être employées à des distributions aux pauvres, ou de fondations par l'intermédiaire d'un exécuteur testamentaire et dont les administrateurs ont été nommés et constitués par le fondateur lui-même. Ce qu'il faut dire, c'est que, du moment qu'il n'existe de fondations que celles qui ont le caractère d'œuvres pies, leur capacité juridique, ainsi que leur autonomie patrimoniale, dérivent de la personnalité globale attribuée administrativement et officiellement à l'Église.

(1) Mülhenbruck, *loc. cit.*, § 1438 (t. 39), p. 448 suiv., p. 450.

(2) Mülhenbruck, *loc. cit.*, § 1438 *b* (t. 40), p. 89 suiv. Sur cette affaire Städel, on trouvera quelques indications intéressantes dans une lettre de M. le Professeur O. Gierke, publiée dans le *Bulletin de la Société d'Études législatives* (ann. 1907), p. 72.

teur des biens d'Église dans son diocèse, et lui prescrivant d'en faire quatre parts, l'une pour lui, une pour le clergé, une troisième pour les pauvres et la dernière pour l'entretien des églises. La part des pauvres se trouvait représentée par les fondations charitables ; celles-ci rentraient dans le patrimoine commun. D'autre part, les petites églises et chapelles locales furent très lentes à conquérir leur autonomie administrative et patrimoniale. Elles n'avaient d'autres biens, au début, que ceux qui étaient distraits du patrimoine du diocèse, pour être confiés à l'administration des clercs qui les desserviraient, mais sans cesser de faire partie du patrimoine commun mis sous la main de l'évêque.

Aussi quand, se reportant aux textes du Code et des Novelles, ces auteurs virent que tous les établissements charitables étaient sous la surveillance de l'évêque, que celui-ci en nommait les économes et gérants, qu'il veillait à l'exécution des intentions du fondateur et contrôlait l'administration des biens de chaque fondation, ils en conclurent que la situation avait dû être la même à Rome, au Bas-Empire, que dans la Gaule mérovingienne. Sans doute, on ne pouvait conclure historiquement de l'une à l'autre. La législation de Justinien resta très longtemps inconnue et inappliquée en Gaule. Si donc, dans la Gaule romaine, et surtout dans la Gaule pré-justinienne, nous trouvons les biens des fondations charitables confondus avec les biens des églises, nous ne pouvons dire que ce soit par application du Code et des Novelles, et encore moins pouvons-nous interpréter cette législation byzantine par ce qui se passa en Gaule et dans l'Empire franc. Il faut se dégager de toute cette histoire comparative. Mais, sans vouloir établir de lien direct d'un pays à l'autre, ou d'une époque à l'autre, les historiens dont je parle se trouvèrent fortement inclinés à interpréter les textes un peu dans le même sens.

Et cependant la situation était toute différente. Sans doute, l'évêque avait la surveillance directe de toutes les fondations pieuses ; il était surtout chargé d'en poursuivre l'exécution, lorsque les héritiers négligeaient de le faire[1]. Il nommait lui-même les administrateurs de l'établissement, lorsque le fondateur ne les avait pas désignés, et tout porte à croire que c'étaient toujours des clercs[2]. L'administration patrimoniale de ces établissements était soumise à certaines prescriptions légales, qui, d'ailleurs, étaient communes à tous les biens d'Église, principalement en ce qui touche la vente des immeubles et les constitutions d'hypothèque [3]. Mais ce ne sont là que des règles administratives, qui s'expliquent par ce fait que l'Église, et également l'État, dans une certaine mesure, ou plutôt l'État, par l'intermédiaire de l'Église, gardaient un rôle de surveillance et de contrôle en matière de fondations. Comme il n'y avait que des fondations ayant un caractère ecclésiastique, l'évêque constituait pour elles ce que nous appelons, en droit moderne, l'autorité de surveillance en matière de fondations. En droit allemand moderne, dans le droit suisse, et même dans une certaine mesure en droit anglais, il y a une autorité de surveillance des fondations ; dira-t-on qu'elle soit propriétaire de leurs biens [4]?

Que l'on observe, au contraire[5], combien nettement la distinction est faite dans les textes et principalement dans la constitution de Justinien déjà si souvent citée. Ce n'est, en

(1) Voir surtout à ce sujet toute la const. 45. C. (I, 3), cf. Nov. 131, c. 10.

(2) Cf. ROTH. *loc. cit.*, p. 197, note 47.

(3) Cf. c. 17, § 1, C. (I, 2).

(4) Sur tous ces points de droit comparé, voir mon *Rapport sur les Fondations*, dans *Bulletin de la Société d'Études législatives*, 1906, p. 467 suiv.; et, pour ce qui est du droit anglais, la thèse, si complète et si savante, de M. JEAN ESCARRA, *Les Fondations en Angleterre* (Paris, Rousseau, 1907) p. p. 286 suiv. Ce rôle d'autorité de surveillance, au nom et pour le compte de l'État, est surtout très marqué dans la Novelle 131, c. 10.

(5) Cf. dans le sens de la personnalité et de l'autonomie, presque tous les auteurs cités, p. 516, not. 3; et voir surtout MEURER, *loc. cit.*, t. II, p. 108 suiv. Meurer s'appuie surtout sur ce fait, que, dans le droit de Justinien, la personnalité était incontestablement reconnue aux églises locales (Cf. c. 26, I, 2), et que les fondations pieuses leur étaient certainement assimilées. Voir aussi FADDA, *loc. cit.*, t. I, § 173, p. 224.

effet, qu'à défaut de désignation par le testateur que l'évêque nomme les administrateurs de la fondation. Si le fondateur les a désignés lui-même, l'évêque ni le *præses provinciæ* n'ont plus à intervenir. Ils doivent laisser l'administration à ceux que le testateur a nommés, mais ils gardent un droit de surveillance ; ils ont à contrôler ces gérants qui ne tiennent plus d'eux-mêmes leurs pouvoirs, et qui les tiennent du testateur. C'est donc une administration indépendante, mais placée sous la surveillance de l'évêque [1]. Il ne saurait y avoir opposition plus tranchée entre l'idée de propriété et celle de tutelle administrative.

Non seulement, le fondateur a le droit de nommer les administrateurs de la fondation, mais il peut en régler l'administration ; et les conditions qu'il aura prescrites devront toujours être respectées [2]. L'évêque devra y veiller. C'est donc le testateur qui établit le statut de la fondation. L'évêque ne le règle à son tour que si le testateur n'a rien prescrit.

Enfin partout il est dit que les biens ainsi donnés appartiennent à l'établissement lui-même, à la *venerabilis domus* [3] ; ou bien il est dit qu'ils appartiennent aux pauvres, ou aux captifs. Et il ne faut pas entendre cela de cette part du patrimoine ecclésiastique qui, d'après les canons des conciles, devait revenir aux pauvres en général. Ici les biens appartiennent en propre à tels pauvres déterminés, spécifiés par le testateur [4], bien loin d'appartenir à l'évêque pour être

---

(1) C. 45, § 3, (I, 3) et Nov. 131, c. 10.

(2) C. 15, § 3 (I, 2). Je reproduis ici la traduction latine : « *Sub hac tamen definitione ut impletis iis quæ hac lege placuerunt et pia donatorum promissione ad effectum adducta administratio rerum donatarum ex sententia donatorum et secundum condiciones iis impositas procedat* ».

(3) C. 41, § 12 (I, 3) πάντα δέ, ὅσα τοῖς εἰρημένοις εὐαγέσιν οἴκοις προσήκει (*quærumque vero ad supra dictas venerabiles domus pertinent*).

(4) Il ne suffirait pas pour décider toute cette question de personnalité de l'expression cependant si caractéristique des constitutions grecques étudiées plus haut de « εὐσεβῶν πράξεων διοικηταί »; car, si elle prouve que ces œuvres pies avaient des administrateurs qui leur fussent propres, elle ne prouve pas que cette administration ait été autonome. Les administra-

distribués à son gré aux pauvres qu'il lui plairait de choisir[1].

Remarquons, en terminant, que, si l'opinion de Roth était exacte, l'usage courant aurait dû être en faveur du legs *sub modo*. On léguerait à l'évêque en vue de la construction d'un asile ou d'un hôpital. Au contraire, ce que nous trouvons partout, c'est le legs direct, le legs à l'établissement déjà existant[2], ou même à l'établissement à créer, nous dirions à personne morale future[3], ou le legs aux pauvres[4], lequel va, comme on l'a vu à la constitution 48, au *Ptochium*, qui les représente, comme il irait chez nous au bureau de bienfaisance[5].

Il ne semble donc pas qu'il puisse y avoir doute sur ce point[6]. Ce n'est pas l'Église, en général, qui est propriétaire

teurs auraient pu être les délégués de l'évêque, administrant pour le compte de l'Église. C'est donc par les règles de fond, et non par les expressions que l'on emploie, qu'il fallait établir l'autonomie patrimoniale des fondations.

(1) C. 48, § 1 et suiv. (I, 3). *Sed et si pauperes quidam scripserit heredes et non inveniatur certum ptochium vel certæ ecclesiæ pauperes de quibus testator cogitaverit.* Cf. 41, § 13 et 14.

(2) C. 19 (I, 2) *donationes... in xenodochium vel in nosocomium, etc.*

(3) C. 15 pr. et § 1er (I, 2) je cite la traduction latine : *Si quis donationem rerum... conferet... in personam cujusvis martyris... oratorium ædificaturus in memorium ejus..., eandem donationem... valere..., sive cæpto sacro ædificio sive non cæpto... Eadem omnimodo valeant in xenodochiis..., quæ quis donandi animo ad modum supra dictum ædificaturum se pollicitus est.* Cf. c. 45 § 1 et suiv. (I, 3). Cf. c. 41, § 27 (I, 3) d'après la traduction : *qui sacrosanctas ecclesias pro salute sua et pro publica utilitate constituerunt atque fundarunt.* Ces expressions qui visent une fondation d'église s'appliqueraient tout aussi bien à la fondation d'un établissement de bienfaisance. Cf. Nov. 131, c. 10 et 11.

(4) C. 19 (I, 2)... *donationes... in ipsos pauperes.* C. 28 (I, 3) *quod redemptioni relinquitur captivorum.* Cf. c. 41, §§ 13, 14 (I, 3) et c. 24 (I, 3).

(5) Voir toute la constitution 48, précitée.

(6) Il faut se garder, au sujet de la question qui vient d'être traitée, d'une équivoque à laquelle pourrait prêter la façon dont s'expriment certains auteurs, par exemple MM. Kuntze et Sohm, qui, tout en reconnaissant que les fondations pieuses du Bas-Empire avaient un patrimoine indépendant et constituaient des organismes autonomes, déclarent que leur personnalité dérivait de la personnalité reconnue à l'Église dans son ensemble, parce qu'elles

des biens affectés à une fondation, c'est bien l'établissement lui-même, c'est la fondation [1] .

Mais tout n'est pas dit, lorsqu'on a établi que la fondation avait son patrimoine à elle, qu'elle constituait, au sens moderne du mot, une personnalité juridique. Car il s'agit de savoir qui est au juste le propriétaire de ces biens de fondation. Ce n'est pas l'Église, nous le savons, et c'est la fondation, mais qu'est-ce que la fondation? Est-ce le but personnifié et idéalisé, qui est élevé à la réalité de sujet de droit et qui est propriétaire, cette *redemptio captivorum* dont parle la constitution 28 (I, 3)? Est-ce la collectivité anonyme des bénéficiaires? Est-ce l'ensemble des clercs préposés au service de l'établissement, ou, comme nous dirions aujourd'hui, la congrégation? Serait-ce l'administrateur lui-même, l'économe, ou, comme nous dirions, le conseil d'administration, les Anglais diraient les *trustees*?

En réalité sommes-nous en présence d'une propriété de corporation, ou d'une propriété de fondation? Telle est la question délicate qu'il nous reste à examiner.

⁰₀⁰

Pour sérier les questions, prenons d'abord le cas de legs fait aux pauvres ou aux captifs en général. Et avant de soulever

en étaient des annexes au point de vue administratif. C'est précisément l'opinion à laquelle je me rattache moi-même. C'est parce que l'Église était administrativement reconnue comme une personne juridique, que les corps indépendants qui dépendaient d'elle, et rentraient dans ses cadres, chapelles, oratoires, monastères et fondations pieuses, jouissaient, pour leur part, de la personnalité conférée à l'Église. Seulement, ils devenaient dans l'Église de petits centres ayant leur patrimoine à part et leur personnalité propre. C'est tout ce que j'ai voulu dire (Cf. KUNTZE, *Cursus des römischen Rechts*, § 963, not. 4 et surtout SOHM, *Institutionen*, § 38).

(1) Cette solution, d'ailleurs, semble bien imposée, par la c. 34, § 1 (I, 3), qui distingue si nettement les établissements de bienfaisance (*domus*), avec tout ce qui leur appartient, de l'Église, entendue de celle qui est le siège du diocèse.

le problème doctrinal, voyons comment les choses se passaient dans la réalité.

Nous savons déjà que la formule courante était celle de l'institution directe. Ce sont les captifs, ce sont les pauvres, qu'on instituait héritiers. Il semble bien qu'on avait tout d'abord cherché à contester la validité ou l'efficacité de l'institution ou du legs, comme faits à personne incertaine. Mais les constitutions impériales avaient formellement déclaré le testament valable et l'institution efficace, sans qu'on puisse objecter les règles relatives aux *personæ incertæ* [1].

Restait à exécuter le testament. Le plus souvent, il s'agissait de distributions de sommes d'argent. C'était la forme courante. Il semble bien que le testateur ait pu affecter un capital dont les revenus dussent servir à des distributions annuelles; mais le plus souvent toute la somme léguée devait être employée en distributions charitables [2]. Il fallait décider qui serait chargé de cet office. Or, nous voyons tout d'abord que le testateur pouvait en charger un tiers, qui jouait ainsi le rôle d'un véritable exécuteur testamentaire. C'était une fondation par l'intermédiaire d'un exécuteur testamentaire. L'institution se développera surtout en Orient, sous le nom d'ἐπιτροπή [3]. C'est d'ailleurs dans une constitution de l'empereur Léon que nous la trouvons décrite [4]. Ce n'est donc qu'à défaut

---

(1) C. 24 (I. 3) : *Id quod pauperibus testamento vel codicillis relinquitur, non ut incertis personis relictum evanescat sed modis omnibus ratum firmumque consistat.* — C. 48 pr. (I, 3). *Si quis... eos ipsos captivos scripserit heredes ne videatur quasi incertis personis heredibus institutis judicium suum oppugnandum reliquisse, sancimus hujus talem institutionem pietatis intuitu valere et non esse respuendam.*

(2) Cela rappelle les *Doles*, autrefois si fréquemment usitées en droit anglais, et considérées aujourd'hui comme ayant une influence démoralisatrice (Cf. la thèse de M. Jean Escarra, *Les fondations en Angleterre*, p. 214, 223, 224).

(3) C. 28, § 1 (I, 3). *Et si quidem testator significaverit per quem desiderat redemptionem fieri captivorum, is qui specialiter designatus est legati seu fideicommissi habeat exigendi licentiam et pro sua conscientia votum adimpleat testatoris.*

(4) Ferradou, *Des biens des monastères à Byzance* (Thèse, Bordeaux,

d'exécuteur testamentaire que l'évêque du lieu est chargé de la distribution aux pauvres ou aux prisonniers. Mais tout ceci a été réglementé encore plus au juste par une constitution de Justinien (48, C. I, 3).

C'est l'établissement de bienfaisance compétent, c'est-à-dire celui qui a dans sa spécialité le service charitable visé par le testament, qui sera chargé de la distribution [1]. Et, si le testateur ne l'a pas désigné lui-même, il est pourvu à sa désignation ; ce sera celui du domicile du testateur. Puis, on prévoit le cas où il y en aurait plusieurs et l'on indique lequel aura la préférence ; et c'est seulement quand il n'existe aucun établissement de ce genre, que l'évêque ou « l'économe de la sainte église [2] » est chargé de la distribution. Toute cette réglementation rappelle la jurisprudence de notre Conseil d'État sur la désignation de l'établissement bénéficiaire compétent au cas de legs au profit des pauvres ou des malades [3], ou encore la *Cy-près doctrine* du droit anglais [4].

Enfin, j'ai indiqué qu'au lieu d'une somme à distribuer intégralement, le testateur pouvait constituer un capital dont les revenus annuels serviraient à des distributions de secours. Le cas est prévu par cette même constitution 48 § 3 ; et, si le testateur ne laisse que des biens mobiliers, on les vendra pour les convertir en immeubles, dont les revenus seront employés à la distribution qu'il a prescrite [5]. Tout cela se

---

1896), p. 143 suiv. Cf. ROBERT CAILLEMER, *Origines et développement de l'exécution testamentaire* (Thèse, Lyon, 1901), p. 28, note 4.

(1) C. 48, § 3 (I, 3) : *Ubi autem indiscrete pauperes scripti sunt heredes, ibi xenonem ejus civitatis omnimodo hereditatem nancisci et per xenodochum, in ægrocantes fieri patrimonii distributionem.*

(2) C. 48, § 6.

(3) Voir sur ce point l'importante étude de MM. HENRY LÉVY-ULMANN et PAUL GRUNEBAUM-BALLIN, dans *Revue trimestrielle de droit civil*, 1904, p. 253 suiv.

(4) On verra un aperçu très bref et très suffisant du droit anglais en cette matière dans mon rapport à la Société d'Études législatives sur les fondations : *Bulletin de la Société d'Études législatives*, 1906, p. 490. Mais voir surtout la thèse déjà citée de M. Jean Escarra, p. 205 et suiv.

(5) *Vel per redituum annalium erogationem vel per venditionem rerum*

fera par les soins de l'administrateur compétent. Et il semble bien, cette fois, que nous soyons tout à fait en présence d'une fondation au sens technique du mot. Car on ne dit pas que la libéralité soit faite au profit de l'établissement qui sera chargé de l'administration et de la distribution. Ce sont les pauvres qui sont institués ; l'administrateur de l'établissement de bienfaisance compétent n'intervient que comme intermédiaire. En réalité, nous avons là quelque chose qui se rapproche fort de nos patrimoines d'affectation. Il ne s'agit plus de la création d'un établissement nouveau, mais de l'affectation d'un patrimoine à un but ; et ce patrimoine a son administration à part. Nous dirions que c'est une fondation sous la forme d'un pur patrimoine érigé en personne juridique, et non sous la forme d'établissement à créer. M. Girard avait raison d'affirmer que le droit romain du Bas-Empire nous présentait les deux variétés de fondations du droit moderne, l'*Anstalt* et la *Stiftung* [1].

Mais ceci touche à la question de droit que j'ai réservée. Après les faits, les théories.

Bien entendu, les historiens, comme Gierke [2], qui n'admettent qu'exceptionnellement et sous une forme partielle, l'autonomie des fondations pour l'époque du Bas-Empire, sont surtout disposés à voir, dans ces institutions en faveur des pauvres, des legs *sub modo* ; on voit dans quel sens général, pour la facilité de l'exposition, j'emploie le mot legs, alors qu'il s'agira presque toujours d'institution d'héritier. Le legs serait fait en faveur de l'Église, entendue de la personnalité juridique correspondant au diocèse, et représentée par l'évêque. Mais cette opinion, qui se relie presque indissolublement à la question préalable, précédemment étudiée relativement à la personnalité des établissements charitables, ne saurait en aucune façon concorder avec la solution que

---

mobilium, vel se moventium, ut ex his res immobiles comparentur et annuus victus ægrotantibus accedat.

(1) Paul-Frédéric Girard, *loc. cit.*, p. 234.

(2) GIERKE, *loc. cit.*, t. III, p. 189, not. 24.

j'ai essayé de défendre. D'autre part, elle concorde encore moins avec la constitution qui vient d'être résumée, et où l'on voit les établissements de bienfaisance en quelque sorte substitués à l'évêque, lequel ne garde que son rôle général de contrôle et de surveillance.

Et alors, tout ce que l'on peut essayer de soutenir, c'est que ce sont ces établissements de bienfaisance, ou d'une façon générale les intermédiaires chargés de la distribution, qui recueilleront la libéralité [1].

Ce serait cependant bien contraire aux principes du droit romain. Car il ne faut pas oublier qu'il s'agit d'institution d'héritier, et que l'héritier succède directement aux droits du défunt. Or, sur ce point, nos textes ne laissent aucun doute, ce n'est ni l'évêque, ni l'établissement intermédiaire, qui sont institués héritiers ou qualifiés d'héritiers par la loi. Les seuls héritiers, ce sont les pauvres ou les captifs. Dira-t-on par exemple, lorsqu'il y a eu nomination d'un exécuteur testamentaire conformément à la constitution de l'empereur Léon, que c'est lui l'héritier ? Nous serions alors en présence d'une institution analogue aux *trusts* du droit anglais ; l'administrateur intermédiaire ne serait pas seulement un instrument chargé de l'emploi des revenus, ce serait un propriétaire qui aurait recueilli la propriété légale, le *legal Estate*, comme disent les Anglais, en vue d'employer cette propriété au profit des véritables bénéficiaires. Ce n'est certainement pas là une conception romaine, en tant qu'il s'agirait d'un dédoublement de propriété. Mais ce n'est là, il est vrai, dans le droit anglais, qu'un expédient formel pour atteindre un résultat de fait qui s'impose [2]. L'expédient mis de côté, reste le fait, d'un administrateur fiduciaire en vue de faire parvenir, soit le capital, soit les revenus, aux véritables héritiers. Ce sera encore un *trustee*, si l'on veut employer cette comparaison,

---

(1) Cf. sur toute cette question *Mühlenbruck, loc. cit.*, t. 39. p. 460-461 et dans le sens de l'opinion que je développe, *Meurer, loc. cit.* II, p. 253.

(2) Cf. MAITLAND, *Trust und Corporation* dans *Zeitschrift für das Privat und öffentliche Recht der Gegenwart* (ann. 1905), p. 37 suiv.

mais un *trustee* chargé uniquement de l'exécution, et non plus investi de la propriété. Car il est bien certain que tous les intermédiaires désignés dans le Code de Justinien ont tous le même rôle et les mêmes droits, exécuteur testamentaire, administrateur d'établissement de bienfaisance, évêque ; et, si la conception d'une acquisition de propriété et par suite de la qualification d'héritier au profit de l'exécuteur testamentaire est manifestement impossible, elle l'est tout aussi bien pour les intermédiaires qui lui sont substitués.

Reste donc uniquement l'idée d'un patrimoine qui appartient à des personnes incertaines ; car c'est bien cela qui résulte des constitutions du Code et des Novelles. On a admis, ce qui jusqu'alors était considéré comme juridiquement impossible, une institution d'héritier au profit d'une collectivité anonyme ; et la preuve, c'est que ces collectivités de bénéficiaires sont assimilées aux *corpora* du droit classique ; on les appelle du nom de *consortium*[1], de σύστημα[2]. Seulement, ce sont des *corpora* dont les membres ne forment pas une masse fixe et déterminée, elle se compose d'unités de passage, les malades d'un hôpital par exemple. Il faut donc qu'elle soit représentée par un intermédiaire, qui sera l'administrateur ou le groupe des administrateurs préposés à l'emploi des fonds.

C'est bien, en réalité, si l'on veut, une fondation au sens moderne du mot ; mais non pas une fondation qui soit la personnification d'un but abstrait, comme la *Stiftung* allemande. C'est une fondation qui représente des êtres concrets, des bénéficiaires réels, c'est une fondation au sens anglais, qui a pour héritiers et propriétaires la collectivité des pauvres, des malades ou des prisonniers, actuels ou futurs, et dont les droits sont exercés par un *trustee* qui représente l'ensemble des bénéficiaires. C'est le procédé anglais des *trusts,* combiné avec l'idée de personnalité, en ce sens qu'il n'y a pas propriété légale et fictive au profit de

(1) C. 22 pr. (I, 2).
(2) C. 55, § 1 (I, 3) ; c. 45, § 9 (I, 3).

l'administrateur, le *trustee* : celui-ci reste un administrateur
pour autrui. Il y a donc un patrimoine autonome, indépendant, qui fonctionne comme s'il appartenait à un individu
et dont la propriété fictive appartient, non pas à un être idéal,
mais à des êtres concrets, qui sont les pauvres eux-mêmes.
C'est bien encore l'idée corporative de Gierke, mise à la
ligne séparative de deux versants, au point exact où elle
devient diffuse, pour se transformer en un concept nouveau,
le concept de fondation, érigée en représentant d'une collectivité imprécise et anonyme.

Si cette conception paraît bien devoir être assez générale-
lement admise lorsqu'il s'agit du legs ou de l'institution à
personnes incertaines, devenant ainsi une véritable fondation
au sens spécial du mot, il semble qu'elle doive soulever des
doutes sérieux, lorsqu'il s'agit de la forme courante de la
fondation, celle de l'établissement proprement dit. Non pas
que ce soit l'idée d'autonomie, de capacité juridique et de
personnalité, que l'on veuille écarter. Tout au contraire, il
n'y a pour la mettre en doute que ceux qui veulent considérer tous les établissements charitables comme des dépendances du patrimoine ecclésiastique, ou, comme on l'a dit, des
« *annexa religionis* » [1]. Mais, si l'on se place dans l'opinion
que j'ai essayé de soutenir, celle de l'autonomie juridique
intégrale, ce que l'on est tenté d'admettre alors, c'est une
conception de la fondation qui rejette tout caractère corporatif, pour s'incarner d'emblée dans le concept idéal de la
Stiftung allemande, la personnification du but [2]. Et c'est ce
que je me refuse complètement à croire pour l'époque romaine.

Sans doute, on fait remarquer le changement de terminologie très caractéristique, qui se produisit entre l'époque de
Constantin et celle de Justinien. Dans les textes du IV⁰ siècle,
nous ne trouvons encore, pour désigner les églises locales ou

(1) Cf. MEURER, *loc. cit.*, II, p. 118 (Meurer ne fait ici qu'exposer cette
opinion, pour en faire ensuite une critique approfondie).

(2) C'est la théorie MEURER, *loc. cit.*, et de la plupart des Pandectistes
allemands.

lcurs dépendances charitables, que des doublets du mot *corpora*, resté l'expression classique [1]. Dans la législation de Justinien, il reste bien quelques épaves de cette terminologie; j'ai signalé moi-même ces quelques traces de survivance [2]. Mais elles ne servent qu'à mieux faire apparaître la révolution qui s'est produite dans la langue juridique. Là par conséquent où l'on parlait de *corpora, conventicula, cœtus,* il n'est plus question que de *venerabiles domus, locus, ecclesiæ, oratoria* [3]. Sans doute, il est surtout question dans ces textes de chapelles ou d'églises locales. Mais, si l'on s'est écarté pour ces petites églises de campagne, qui correspondaient cependant bien à une congrégation de fidèles, de l'idée corporative, à plus forte raison, lorsque ces expressions s'appliquent à des asiles, hôpitaux, hospices — et l'on ne connaît plus qu'elles en effet — doivent-elles s'abstraire de toute allusion à une collectivité quelconque, puisqu'il n'y a plus de groupements d'individus qui puissent correspondre à des établissements de ce genre.

Tout ce que l'on pourrait vouloir soutenir, dans cet ordre d'idées, si l'on tenait encore à faire prévaloir l'idée corporative, ce serait de donner la prépondérance, dans les établissements de ce genre, à la petite congrégation qui en fait le service, c'est-à-dire aux clercs qui leur sont attachés. Car il est impossible de voir une corporation dans la foule anonyme, indéterminée et tout à fait inconnue, des pauvres et des malades, qui passent à l'asile ou que l'on soigne à domicile. Il n'y a de corporation, si l'on veut absolument qu'il y en ait une, que celle des clercs qui desservent les établissements charitables. Et, de fait, il y a des textes qui font allusion à ces petites congrégations attachées au service des *venerabiles domus*, alors même qu'il s'agit d'autre chose que de véritables églises ou chapelles [4]. Mais, il est inutile d'insister vraiment pour

(1) Voir citations dans MEURER, *loc. cit.*, p. 119.
(2) Cf. *suprà*, p. 539, notes 1 et 2.
(3) Voir les textes dans MEURER, *loc. cit.*, p. 119-120.
(4) Voir c. 55 (57), § 3 (I, 3) *loc. cit.*, la version latine : *Venerabilibus*

montrer que ces petits groupes de desservants ne sont jamais mis au premier plan. Ce sont, comme dit un texte après avoir parlé de ces *venerabiles domus*, les congrégations qui en dépendent, *eorum congregationes*. C'est toujours à la *domus*, à l'*orphanotrophium*, au *gerontocomium*, que l'on donne et que l'on lègue; c'est à eux que les choses sont dites appartenir. Et, s'il est fait allusion à un administrateur ayant des droits et une véritable situation patrimoniale, c'est à l'économe, jamais à la petite congrégation, qui reste au second plan pour faire le service du culte ou celui de l'hospice.

C'est donc là une idée qu'il faut rejeter absolument; et alors ce qui reste sur le devant de la scène, c'est l'établissement, la *domus*, qui seule est nommée dans les textes, et non cette collectivité de bénéficiaires anonymes, dont il n'est pas plus question, qu'il n'est question des pauvres, lorsque, sur le terrain juridique, nous parlons aujourd'hui de nos bureaux de bienfaisance.

Et cependant je ne suis pas très sûr qu'il n'en soit de cette idée de *domus* et d'établissement, comme il en est des *trustees* en droit anglais, qui ne sont, comme dit Maitland, qu'un mur ou un rideau, derrière lequel se dissimulent tous les bénéficiaires effectifs [1].

Il y a, à cet égard, un texte du Code qui me paraît bien significatif. C'est la constitution 41 (I, 3), qui définit la situation juridique de tous ces économes de maisons charitables. On fait deux parts dans leur fortune. Tout ce qu'ils possédaient avant d'entrer en charge ira à leurs héritiers. Pour tout ce qu'ils acquièrent depuis leur entrée en fonction, ils sont censés personnes interposées; et ces biens devront aller

---

autem domibus carumque congregationibus. J'ai déjà cité le ἢ ἁπλῶς συστήμασί τισιν εὐαγέσιν (45, § 9; 1, 3), que certaines des interprétations latines ont traduit par *aut simpliciter cœtibus quibusdam piis* (Cf. BRINZ, III, p. 489, § 438, note 7), et d'autres par « *vel denique quibuslibet piis corporibus* ». Enfin, je rappelle le « *domus quæ piis consortiis deputatæ sunt* » de la c. 22 pr. (I, 2); cf. BRINZ, § 448, note 11.

(1) Voir la citation faite *supra*, p. 538, note 2.

aux pauvres ou aux malades, comme ceux de l'établissement lui-même. Celui qui donne ou lègue à un administrateur de maison charitable a voulu profiter de la situation qu'avait ce gérant des pauvres pour faire parvenir sa libéralité aux pauvres eux-mêmes, et il n'est pas juste que l'intermédiaire qu'il a choisi emploie ces biens à son profit personnel[1]. Or, nous ne voyons pas que l'on attribue en quelque sorte cette libéralité à l'établissement lui-même, à la *venerabilis domus*, mais à ceux que le *xenodochus* ou le *nosocomus* a pour mission de soulager, ceux dont il a le soin, étrangers ou malades ; et l'on a eu en vue les occasions, qu'il avait, plus que tout autre, d'être en contact avec les misérables confiés à sa vigilance. Ce sont donc encore certaines catégories de malheureux, étrangers, malades, pauvres, ou prisonniers, que l'on a voulu gratifier. L'économe n'est qu'un intermédiaire pour les atteindre et leur faire parvenir les profits du legs. La situation est la même que lorsqu'il s'agit de legs faits aux pauvres ou aux captifs. Mais alors croit-on que, si le legs était fait à l'établissement lui-même, au lieu de l'être à son économe, il y aurait lieu de faire une distinction nouvelle? Après avoir distingué la fortune personnelle de l'économe des dons qui lui sont faits pendant son administration, il faudrait donc séparer ce patrimoine charitable de celui de l'établissement lui-même, au lieu de considérer que tous les biens destinés à la bienfaisance sont réunis dans les mêmes mains, soumis à la même administration et destinés au même emploi. Ce serait contraire à toutes les vraisemblances et à tous les textes. C'est ainsi que la *venerabilis domus* elle-même, comme la *pia causa* ou le *pium corpus* des textes ultérieurs, nous apparait comme un terme abrégé et représentatif pour figurer toute

(1) Je cite la traduction latine : « *qui xenodocho vel nosocomo.. donat... ideo dare ut per eum pie erogetur, quippe qui multas pietatis occasiones habeat per eos qui sub ipsius cura sunt. Neque justum est hunc, quæ accepit eorum nomine qui sub ejus cura sunt, ea non in eos vel pro iis erogare, sed in suam personam convertere* (§ 13 et 14) ».

la collectivité des bénéficiaires que l'établissement avait en vue. La conception est la même que pour la fondation résultant du legs à personne incertaine.

Et, d'ailleurs, cette explication concorde admirablement avec l'évolution des idées juridiques romaines en matière de propriété corporative. Car ce n'est jamais qu'à des personnes réelles, êtres concrets, que les Romains ont attaché la qualité de sujet de droit. Cela est manifeste pour les *collegia, sodalitates* et *corpora* de toutes sortes. Cela, peut-on dire, l'est plus encore pour la propriété sacrée, celle des objets consacrés aux dieux, lesquels étaient attribués au dieu lui-même; et cette conception est restée la même pour les biens affectés aux églises, derrière lesquelles on voyait la personne du Christ ou celle d'un martyr[1]. Il n'y a donc aucun doute que c'est la même vision réaliste et concrète qui a guidé les jurisconsultes dans leur création de l'établissement charitable; ils ne l'ont admis que comme la représentation extérieure et visible des pauvres auxquels il était destiné. La *venerabilis domus*, lorsqu'il s'agissait d'église, dissimulait la personne du Christ; et, lorsqu'il s'agissait d'institut de bienfaisance, elle dissimulait les pauvres ou les malades. C'est la fondation-corporation [2], impliquant un élément idéal, en tant que représentatif de bénéficiaires réels; ce n'est pas le but qui est personnifié [3].

Et la conséquence de toute cette théorie, c'est que nous ne voyons pas que le droit romain ait jamais admis la fondation purement idéale, ayant pour objet un intérêt d'ordre intellectuel, en dehors de toute collectivité de personnes qui en profitent directement; tels sont nos instituts scientifiques ou autres. Là désormais où tout élément corporatif a disparu, là aussi dis-

---

(1) Cf. c. 15 (I, 2), c. 25 (I, 2).

(2) Cf. pour l'époque moderne, certaines idées analogues que j'ai essayé de soutenir à propos de la loi du 9 décembre 1905 (*Revue trimestrielle de droit civil*, 1906, p. 867 suiv).

(3) On peut rappeler à ce sujet un texte du Digeste, que cite précisément LEONHARD, *Instit.*, *loc. cit.* : *Omne jus hominum causa constitutum est* (2, D. I, 4).

paraît, pour les Romains du Bas-Empire, la conception de fondation et de patrimoine d'affectation [1].

Le reste ne sera qu'un développement ultérieur, pour lequel il faut arriver aux canonistes, aux glossateurs, et surtout aux juristes allemands de l'époque moderne. Ce sera la *Stiftung* allemande.

∘°∘

Il me resterait maintenant à parler des modes de fondation ; et il me suffira de rappeler les quelques traits épars dans les développements qui précèdent. Car, des deux procédés qui peuvent être utilisés, la donation entre vifs et le testament, un seul pourrait offrir encore quelques difficultés, celui de la fondation testamentaire. Mais on a déjà vu que c'était celui dont parlent surtout les textes. Il ne semble pas, du moment qu'on avait écarté l'objection tirée du legs ou de l'institution à personne incertaine, qu'on ait vu à ce procédé aucun autre obstacle juridique.

Non seulement nous avons vu fonctionner la fondation sous forme d'établissement à créer ; mais les textes nous présentent toutes les facilités les plus diverses destinées à réaliser la fondation et surtout à en garantir l'exécution. A côté de la fondation directe, nous trouvons la fondation par l'intermédiaire d'un exécuteur testamentaire ; et, à défaut d'exécuteur testamentaire, nous voyons l'autorité de surveillance intervenir pour forcer les héritiers à réaliser les intentions du testateur. Il y a toute une constitution de Justinien (c. 45, 1, 3) qui s'occupe surtout de cette réglementation, entrant à ce sujet dans les détails les plus minutieux. S'il s'agit d'un asile ou hospice à faire construire, on assigne un délai d'un an aux héritiers. On ajoute, d'ailleurs, qu'ils peuvent au besoin louer une maison pour y soigner les malades, en attendant

---

(1) Voir le mot de Leonhard, qui est d'une exactitude parfaite. Il dit, en parlant de la fondation romaine : « *Sie hat ein Zweckvermögen, ist aber kein Zweckvermögen* » (*loc. cit.*, p. 170).

que l'édifice soit achevé. Si les héritiers laissent passer le délai
sans pourvoir à l'exécution des volontés du défunt, c'est
l'évêque qui intervient pour faire construire l'établissement
et en organiser l'administration. Et ce qui vient d'être dit de
l'érection d'une maison charitable, nous trouvons d'autres
constitutions qui le répètent, sous une forme sensiblement
analogue, pour les distributions de secours aux pauvres ou
aux prisonniers, et pour d'autres fondations analogues [1]. Il
semblerait que toutes les formes les plus riches et les plus
variées que le droit moderne ait pu imaginer pour garantir
l'exécution des fondations aient déjà trouvé leur expression
dans le droit du Bas-Empire, et l'on croirait lire dans certains codes modernes, le Code civil allemand par exemple, les
dispositions qui se préoccupent de faire présenter la requête
en autorisation de la fondation, lorsque les héritiers ou
l'exécuteur testamentaire négligent de le faire [2].

Et nous arrivons ainsi à la dernière question que puisse
suggérer la comparaison avec le droit moderne. La plupart
des législations aujourd'hui soumettent les fondations à une
autorisation administrative, non pas que ce soit cette dernière
qui leur confère la personnalité. La capacité de la fondation
dérive de l'acte de fondation lui-même et, par suite, de la
volonté du fondateur, mais sous réserve de confirmation à
intervenir de la part de l'administration. Il fallait une concession analogue, dans le droit romain de l'Empire, pour auto-
riser les *collegia* et rendre licites les corporations. Il semblerait donc tout naturel que pareil système eût été étendu aux fondations même charitables. Et cependant nous ne trouvons aucun texte qui fasse allusion à une autorisation de ce genre. Seul
Mülhenbruck, parce qu'il avait en vue le procès Städel[3],

(1) Cf. c. 28 (I, 3), et c. 15 (I, 2). Cf. Nov. 131, c. 10.

(2) Cf. § 83, Code civil allemand.

(3) Au sujet de ce procès, auquel j'ai déjà fait plusieurs fois allusion, je
signale à nouveau une lettre importante de M. le professeur GIERKE, adressée
à la Société d'Études législatives (*Bulletin de la Société d'Études législatives,*
1907, p. 72).

a soutenu que le principe de l'autorisation subsistait encore en cette matière.

Il est vrai que, dans l'application, comme il n'y avait alors que des fondations ecclésiastiques, c'eût été à l'évêque que l'on s'en serait remis pour représenter en quelque sorte l'État et intervenir à sa place. Nous voyons, en effet, dans les Novelles 67 et 131, que, lorsqu'il s'agissait d'une *venerabilis domus*, elle ne pouvait être ouverte à sa destination religieuse avant une consécration solennelle par l'évêque; et Mülhenbruck en a conclu, à la suite d'une longue et savante dissertation, que c'était cette intervention épiscopale qui valait concession de la capacité et de la personnalité, donc qui, juridiquement, créait la fondation. Or, l'on sait que, pour la législation de Justinien, ce terme de *domus pia, divina, venerabilis*, comprend aussi bien les asiles et instituts de bienfaisance, que les églises, chapelles et oratoires. Le principe de l'autorisation et de la concession de personnalité se serait appliqué à toutes les *piæ causæ*. Comme au début du xixᵉ siècle certains pays d'Allemagne étaient encore régis par les principes plus ou moins adaptés et aménagés du droit romain, il en résultait, dans l'affaire Städel, que la fondation artistique créée par le testateur, car il s'agissait de l'érection d'un musée à Francfort, n'aurait dû exister juridiquement qu'après autorisation administrative[1].

Ce qui valait beaucoup mieux que tous ces mauvais arguments, dans l'affaire en cause, c'était de reconnaître que le droit romain du Bas-Empire avait franchement dispensé les *piæ causæ* de toute autorisation, parce qu'il s'agissait de *piæ causæ* au sens strict du mot, c'est-à-dire d'établissements ecclésiastiques, couverts par la reconnaissance générale qui était intervenue de la situation officielle de l'église catholique et de son aptitude à la personnalité juridique[2]. Aussi pou-

---

(1) Mülhenbruck, *loc. cit.*, § 1438 *b*, t. 40, p. 16 et suiv.

(2) Cf. Kuntze, *Cursus*, § 963 et Sohm, *Institutionen* et *suprà*, p. 533, note 6 ; et, dans un sens très voisin, Gierke, qui voit dans l'intervention de l'autorité ecclésiastique le principe de la reconnaissance de la personnalité

vait-on soutenir que cette dispense d'autorisation ne visait que les œuvres pies proprement dites, et qu'on ne pouvait plus l'étendre à des fondations purement laïques, que le droit romain n'avait ni connues, ni soupçonnées. Et, de fait, l'argument ne manqua pas d'être produit dans le débat.

Quant à la valeur juridique de la consécration religieuse au point de vue d'une concession de personnalité, personne ne pouvait la prendre au sérieux. Elle n'était que l'application de certaines prescriptions canoniques et n'avait qu'une valeur religieuse, sans autres conséquences juridiques. Dans toute la législation du Code de Justinien, nous ne trouvons pas un mot qui laisse soupçonner la nécessité d'une intervention quelconque de l'autorité publique, en vue du fonctionnement patrimonial de la fondation. Ce fonctionnement nous apparaît comme déjà mis en œuvre dès que le testament est devenu efficace; dès ce moment, on nomme des administrateurs à la fondation; on oblige les héritiers à exécuter les volontés du défunt; on applique certaines règles de gestion patrimoniale relativement à la vente des biens. Nous avons vu tout cela; et tout cela se fait sans attendre la moindre consécration épiscopale.

Il y a même des cas où celle-ci n'aura jamais à intervenir, là par exemple où il n'y aura pas de bâtiment à consacrer, lorsque la fondation consiste dans un simple patrimoine frappé d'affectation, comme nous l'avons vu pour certains legs à personne incertaine. On affecte un capital à la rédemption des captifs. C'est une fondation, les textes la prévoient. Où donc se placera la consécration épiscopale[1]?

_____

(*suprà*, p. 528, note 3). Cf. également Savigny, *System*, II, § 89, note *d* (traduction française, II, p. 271).

(1) Voir dans le même sens, avec les références citées, Cuq, *loc. cit.*, p. 795, note 3. — Il suffit, d'ailleurs, de lire les textes des Novelles 67 et 131 pour constater que les cérémonies rituelles dont il est parlé ont un caractère purement religieux. Il s'agit d'assurer l'orthodoxie d'édifices cultuels et d'en prendre possession solennelle au nom de l'Église elle-même, celle-ci représentée par l'évêque. Je cite la traduction latine. Nov. 67, c. 1 : « *Nulli*

Il faut alors en conclure, au moins pour ces *piæ causæ* qui sont au Bas-Empire de véritables *piæ causæ* et de purs instituts ecclesiastiques, à l'absence complète de toute intervention administrative, sous quelque forme que ce soit. Ce n'est pas le système de la concession de personnalité, et encore moins, par suite, celui de la personne fictive, qui apparaît dans nos textes. La fondation représente des personnes rélles; le patrimoine appartient à des personnes réelles, et il est administré, sous une forme autonome, en vue de l'emploi des revenus à la destination fixée par le testateur.

Voilà toute la conception de la fondation de l'époque justi-

licentiam esse neque monasterium neque ecclesiam... incipere œdificare, antequam... episcopus orationem in loco faciat et crucem figat publicum ibi processum faciens et causam manifestam omnibus statuens ». La Novelle 131, c. 7, s'exprime exactement dans les mêmes termes : « *Si quis autem voluerit fabricare venerabile oratorium aut monasterium, non aliter inchoandam fabricam, nisi locorum sanctissimus episcopus orationem ibi fecerit et venerabilem fixerit crucem.* — Et plus caractéristique encore est la sanction portée par la Novelle 67, pour le défaut d'accomplissement de ces cérémonies rituelles : *Multi enim simulantes fabricare quasi orationis domos suis medentur langoribus, non orthodoxarum ecclesiarum œdificatores facti, sed speluncarum illicitarum* ».

Mülhenbruck en conclut que, même si l'on admettait, comme je l'ai fait, que cette formalité, purement religieuse, n'eût pas d'effet au point de vue de la question juridique de propriété et de fondation, indirectement encore il faudrait bien reconnaître que les deux questions dépendaient l'une de l'autre et que l'absence de consécration épiscopale aboutissait à la suppression de la fondation, puisque l'église cessait d'être orthodoxe et que la fondation ne pouvait plus compter parmi les œuvres pies, parmi les *piæ causæ*; elle perdait ainsi tout droit à la personnalité juridique. Mais cette conséquence, purement indirecte, du défaut d'orthodoxie ne saurait équivaloir, en droit, au système exposé par Mülhenbruck, qui fait dépendre la fondation elle-même de la reconnaissance épiscopale. Car, si l'on comprend parfaitement que celle-ci soit exigée, au point de vue canonique, pour les lieux consacrés au culte, il n'en est plus de même des pures fondations de bienfaisance, quoique rentrant encore parmi les *piæ causæ*. Aussi ne voyons-nous nulle part dans les Novelles que, pour ces dernières, on ait exigé les mêmes formalités rituelles que pour les églises, monastères et oratoires proprement dits.

nienne. Elle est assez souple et assez riche pour être proposée en exemple même à d'autres légistations plus modernes.

Et peut-être même pourrait-on la rapprocher très utilement du système anglais en cette matière. En droit anglais, en effet, ce ne sont pas toutes les fondations indistinctement qui sont autorisées par la loi, mais seulement celles qui rentrent dans une certaine catégorie légale, caractérisée par son objet.

Il faut qu'elles puissent être comprises au nombre des *Charities*, au sens très large où ce mot a été pris par un statut célèbre d'Elizabeth (1). Il y a donc reconnaissance légale de capacité et de personnalité, comme nous dirions dans notre terminologie française, pour toutes les fondations rentrant dans la catégorie prévue par la loi. Ce fut le système du Bas-Empire, celui des catégories légales. L'État ne s'était pas dessaisi de son droit d'intervention en matière de reconnaissance de capacité, lorsqu'il s'agissait de personnes juridiques à introduire sur la scène du droit. Seulement, il avait, par avance, reconnu cette personnalité à toutes les œuvres pies rattachées à l'organisation ecclésiastique. Je n'irai pas jusqu'à dire avec Gierke qu'il fallait, en outre, une sorte d'autorisation de l'autorité religieuse, caractérisée par l'intervention plus ou moins implicite de l'évêque, et encore moins avec Mülhenbruck que cette intervention devait se traduire par une véritable consécration épiscopale. Je crois qu'il suffisait de la spécialisation de l'objet, tel que le fait d'aumônes à distribuer. C'était là une œuvre pie rentrant sous le contrôle de l'Église, et c'en était assez pour que la fondation, par cela seul, fût reconnue par la loi et admise à fonctionner comme un petit organisme patrimonial indépendant. C'est le système anglais actuel.

---

(1) 43, Eliz., c. 4 (1601) et Cf. sect. 13, § 2, du *Mortmain and charitable Uses Act 1888*. Sur toute cette question des fondations anglaises, voir, pour une notion très sommaire et tout à fait insuffisante, *Bulletin de la Société d'Études législatives*, 1906, p. 486 et, pour l'étude complète de la question, le livre capital de TUDOR, *The Law of Charities*, et la thèse, déjà plusieurs fois citée, de M. JEAN ESCARRA.

Même les administrateurs de ces fondations romaines, et surtout les distributeurs d'aumônes, n'étaient guère différents, quant au caractère de leurs fonctions, de ce que sont aujourd'hui les *trustees* du droit anglais, et surtout les *charitable trustees*. Ce n'est pas la première fois que l'on ait signalé, entre le droit coutumier d'Angleterre et certaines institutions prétoriennes ou impériales du droit romain, de curieux rapprochements, il est vrai, purement spontanés. Il m'a paru intéressant de faire ressortir ce nouvel aspect de la question.

R. SALEILLES,

Professeur à la Faculté de droit
de l'Université de Paris.

IMPRIMERIE
CONTANT-LAGUERRE
LVX VITAM
BAR-LE-DUC